ग़ज़ल-संग्रह

डॉ. फूलकली 'पूनम'

दिखे आग पानी में शामिल हमेशा,
समन्दर को ख़ामोश जलते है देखा।
जलाये चराग़ों को तूफां में 'पूनम',
हवाओं के घर लौ को पलते है देखा।

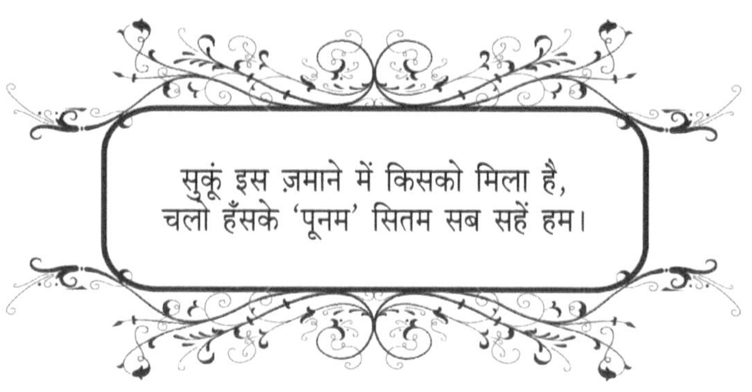
सुकूं इस ज़माने में किसको मिला है,
चलो हँसके 'पूनम' सितम सब सहें हम।

ग़ज़ल-संग्रह

डॉ. फूलकली 'पूनम'

अंजुमन प्रकाशन

अंजुमन प्रकाशन

942, मुठ्ठीगंज, प्रयागराज-3 उत्तर प्रदेश, भारत

www.anjumanpublication.com

contact@anjumanpublication.com

प्रथम संस्करण अंजुमन प्रकाशन द्वारा 2021 में प्रकाशित

आवरण व टाइप सेटिंग : अंजुमन प्रकाशन

शब्दांकन-राकेश कुमार

ISBN : 978-81-953045-5-4

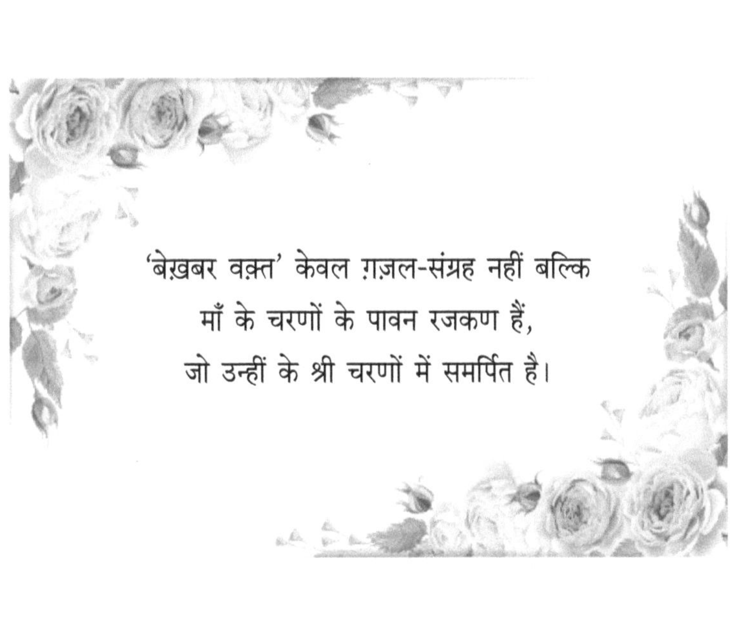

'बेख़बर वक़्त' केवल ग़ज़ल-संग्रह नहीं बल्कि
माँ के चरणों के पावन रजकण हैं,
जो उन्हीं के श्री चरणों में समर्पित है।

1. सुब्ह होते ही आँखों के सामने माँ का आना और नज़र में भर जाना; उनके रूप में साक्षात् वाग्देवी के द्वारा आशीर्वाद मिलना और वही परिवर्तित होकर अल्फ़ाज़ में ढलना... तुझे आभार क्या कहूँ माँ; तू ही मैं हूँ, तेरे क़दमों पे जहां वार दूँ; ये तो कुछ भी नहीं, वो ख़ुदा वार दूँ... सब तेरा तुझे ही अर्पित माँ।

2. आदरणीय सुप्रसिद्ध कवि श्री संजीव सरगम जी को नेह नमन करती हूँ कि वे दूर रहकर भी काव्य सृजन हेतु हमारा हौसला-अफ़ज़ाई करते रहते हैं।

न कुछ होश रहता अगर इश्क़ में हों,
ग़ज़ब की है शय सब करें इसकी चाहत।
लिया दिल के बदले ये दिल तुमने 'पूनम',
वफ़ाओं की फिर क्यूँ न करते हो इज़्ज़त।

परिचय	: डॉ0 फूलकली 'पूनम'
नाम	: डॉ0 फूलकली गुप्ता 'पूनम'
पिता का नाम	: स्व0 राम पदारथ गुप्ता
माता का नाम	: श्रीमती धनपती गुप्ता
जन्म-स्थान	: ग्राम-रामापुर दिखौरा, जिला-सुलतानपुर उ0प्र0,
सम्पर्क	: व्हाइट हाउस, अन्तू रोड, अमेठी, जनपद-अमेठी (उ.प्र.)
मोबाइल नं0	: 9807836516
Email	: phoolkaligupta123@gmail.com
शिक्षा	: स्नातकोत्तर 1-संस्कृत, 2-म0इतिहास, 3-हिन्दी, बी0एड0, पीएच0डी0 (संस्कृत), सीनियर डिप्लोमा (हारमोनियम) प्रयाग संगीत समिति, इलाहाबाद, पत्रकारिता एवं जनसंचार में स्नातकोत्तर डिप्लोमा।
सम्प्रति	: प्रधानाचार्या राजकीय बालिका इण्टर कॉलेज अमेठी, उ.प्र. जिला गाइड कमिश्नर, अमेठी

साहित्यिक एवं सांस्कृतिक सेवाएँ :

- प्रकाशित ग़ज़ल-संग्रह
  1.'बोलती रोशनाई', 2.'आईने में चाँद',
  3.'पता ज़िंदगी का', 4.'रेत का समन्दर'
- 31वीं अखिल भारतीय नाट्योत्सव इलाहाबाद 'हम भारत की बेटी हैं' में प्रशंस्य अभिनय।
- बैडटच (Bad Touch) टेली फिल्म में प्रमुखतम सकारात्मक किरदार (अभिनेत्री) के रूप में सशक्त अभिनय।
- पटेलसेवा संस्थान द्वारा 'लौह पुरुष सरदार पटेल।'
- स्मृति सम्मान-2017, 'साहित्य रत्न सम्मान-2017।'
- अनेक अन्तर्राष्ट्रीय एवं राष्ट्रीय सेमिनारों में प्रतिभाग एवं प्रस्तुतीकरण।
- प्रादेशिक एवं राष्ट्रीय तथा अन्तर्राष्ट्रीय समाचार पत्रों और पत्रिकाओं में मुक्तक, गीत, ग़ज़लों का अनवरत प्रकाशन।
- 'आगमन' षष्ठ स्थापना दिवस समारोह 8 सितम्बर-2018।
- 'भाव कलश' रचनाकार सम्मान।
- अन्तर्राष्ट्रीय महिला दिवस-2019 The Fantastic Females (season-02)।
- तेजस्विनी एवार्ड-प्रसिद्ध संस्था आगमन द्वारा चतुर्थ वार्षिक समारोह एवं लोकार्पण काव्यकुम्भ अधूरा मुक्तक में सम्मानित।
- शैक्षणिक, सामाजिक एवं साहित्यिक गतिविधियों में महत्त्वपूर्ण योगदान देने के कारण अनेक सम्मान प्राप्त।

भरोसा नहीं ज़िंदगी का ज़रा भी,
मिले वक़्त जो भी गँवाना नहीं तुम।
है तक़दीर 'पूनम' जो मिलती है चाहत,
अगर कोई चाहे रुलाना नहीं तुम।

कुछ लफ़्ज़ मेरे

हेलो, मैं ग़ज़ल बोल रही हूँ, आप कौन?

अरे मैं जो भी हूँ पर आपको नहीं जानती, रॉंग नंबर।

अरे नहीं नहीं... रुको तो सही! मैं तुम्हारे अन्दर से ही बोल रही हूँ, हमसे इतनी बेरुख़ी क्यों? मैं तो तुम्हारी रूह हूँ मेरे बिना तुम ज़िंदा नहीं रह सकती हो। जब तक मैं हूँ तब तक तुम्हारी हस्ती है। क़यामत के बाद भी मैं रहूँगी और तुम भी रहोगी, मौत तुम्हें मार नहीं पायेगी। तुझमें मैं हूँ मुझमें तू है और तुम कह रही हो कि मुझसे अंजान हो। मैं तुम्हारी कस्तूरी हूँ कहाँ खोज रही हो सहरा और समन्दर, ख़ुशी और ग़म, ख़ूबसूरत और बदसूरत, दोस्त-दुश्मन, वफ़ा और ज़फ़ा, दूरियाँ नजदीकियाँ, हँसी और अश्क, रोशनी तीरगी, सफ़र और मंज़िल, राज़-राज़दां, इल्म-इल्मदां, अपने-पराये, मुहब्बत और नफ़रत, नाम-गुमनाम, नेकी और बदी, बोलती रोशनाई, आईने में चाँद, पता ज़िन्दगी का, रेत का समन्दर, बेख़बर वक़्त बेचैन चाँदनी और बहुत कुछ मुझमें ही शामिल है। मैं बर्फ़ हूँ पिघलती जा रही हूँ। नदी और समन्दर भरते जा रहे हैं तुम कोई भी नाम दे दो, जो भी नाम दोगी वह वक़्त के वर्क़ पर लिखा जा रहा है कोई मिटा नहीं सकेगा, पूरी कायनात ख़त्म हो जायेगी पर मैं नहीं। क़यामत की कहानी मैं ही लिखूँगी। कुदरत ने लेखा-जोखा रखने की जिम्मेदारी मुझे ही सौंपी है, मैं ही लिखती हूँ, मैं ही कहती हूँ, मैं ही सुनती हूँ। तुम फिर आओगी तो तुम्हें मैं ही मिलूँगी, अपने रूप में, तुम्हारे रूप में, सबके रूप में। मैं सिर्फ़ ग़ज़ल हूँ कहो, गाओ, गुनगुनाओ। मैं इधर हूँ, उधर कहाँ देख रही हो, खिडकियाँ और दरवाज़े खोलो।

ओह ग़ज़ल तुम! अरे तुम तो हमारी हो सिर्फ़ हमारी। मैं तुम्हारी हूँ ख़ुद में समा लो मुझे। आज कहीं घुमाने ले चलो वादियों में चाँद, तारों पे। कहकशाँ से मुलाकात करा दो फिर समन्दर किनारे और इश्क़ की उन बदनाम और गुमनाम गलियों में जहाँ कोई आता-जाता नहीं है। मेरा हाथ थामो और कभी नहीं छोड़ना, आज ये वादा करो दुनिया तो वादा-शिकन है और तुम तो वादापरस्त हो। मैं तुम्हारे लिए कुछ भी कर सकती हूँ और कुछ भी सह सकती हूँ बस अब मेरी ही रहना। चलो आसमां तक चलते हैं। उस आसमान के आगे और भी आसमान हैं क्या? चलो वहाँ भी घुमा दो। अरे मैं उड़ी जा रही पंख बिना परवाज़ मिली, ओह

मेरी जान-ए-ग़ज़ल तेरे सदके।

दोस्तों,

मेरे समस्त ग़ज़ल संग्रह 'बोलती रोशनाई', 'आईने में चाँद', 'पता ज़िंदगी का' और 'रेत का समन्दर' की ही तरह इस ग़ज़ल संग्रह 'बेख़बर वक़्त' को भी अपनी मुहब्बत से सराबोर करके अपनी पलकों का स्पर्श दीजिए, मैं विनयावनत रहूँगा।

हरे ज़ख़्म मुझको तलाशें हमेशा,
कहें लोग मुझको कि सहते बहुत हैं।
क़दम चूमकर मंज़िलें मुझसे बोलीं,
रुको तो ज़रा आप चलते बहुत हैं।

(डॉ. फूलकली पूनम)

अनुक्रम

1

चली जब यहाँ से ज़माना तड़पता।
के दिल थामकर आशियाना तड़पता।

नशेमन बसाने नया जा रही हूँ,
वो घर आज मेरा पुराना तड़पता।

जो चर्चे हमारे फ़िज़ाओं में गूँजे,
रहेंगे न हम अब फ़साना तड़पता।

क़दम से हमारे ज़मीं धन्य होती,
ये फूलों का मौसम सुहाना तड़पता।

निगाहों से घायल मिरे दुनिया सारी,
लिपट मुझसे 'पूनम' निशाना तड़पता।

2

क़लम नाम लेगी रहेंगे न गर हम।
सियाही लिखेगी रहेंगे न गर हम।

भला मौत अब मुझको मारेगी कैसे,
ग़ज़ल साँस लेगी रहेंगे न गर हम।

किताबों में लिख करके जो रख रहे हैं,
ये दुनिया पढ़ेगी रहेंगे न गर हम।

हवायें मिरी बात ले बह रही हैं,
ख़ुदाई सुनेगी रहेंगे न गर हम।

मिरा अक्स दरिया के पानी में दिखता,
लहर ले बहेगी रहेंगे न गर हम।

ये 'पूनम' भी पूनम से जा मिल गई अब,
ये सूरत दिखेगी रहेंगे न गर हम।

3

सुनाता कोई मैं सुने जा रही हूँ।
इज़ाज़त पे उसके लिखे जा रही हूँ।

ज़माने में अनमोल बनके रही मैं,
बिना मोल के अब बिके जा रही हूँ।

ज़ुबां से अभी तक न कुछ कह ही पाये,
क़लम से हमेशा कहे जा रही हूँ।

वही वक़्त जिनमें ज़माना था दुश्मन,
उन्हीं में दुबारा हँसे जा रही हूँ।

छुपी दास्तां बन गई अब इबारत,
मैं लम्हों में 'पूनम' घुले जा रही हूँ।

4

बहुत सुन चुकी हूँ शराफत की बातें,
छुपी हैं उन्हीं में तिजारत की बातें।

रखे हो छुपाकर दिलों में जहर तुम,
हैं झूठी तुम्हारी मुहब्बत की बातें।

हो सैय्याद तुम ये जहां जानता है,
क्यूँ करते चमन की हिफ़ाजत की बातें।

कभी आईना पत्थरों से ये बोला,
क्या मालूम तुमको नफ़ासत की बातें।

बसी जिनके फितरत में ही दिल्लगी है,
वो महफ़िल में करते हैं उल्फ़त की बातें।

क़दम जब से 'पूनम' ने मंज़िल पे रक्खा,
सुनाई पड़ें अब खिलाफ़त की बातें।

5

कई सूरतें रँग बदलने में माहिर।
सितारे भी गर्दिश में छुपने में माहिर।

जुलूसों में जो भी किराये पे आते,
वो चेहरे सभी आगे दिखने में माहिर।

जहाँ शोर में सच दबा रह गया हो,
वहाँ झूठ तो पहले बिकने में माहिर।

कभी नेकियाँ भी बदी बनके बोलें,
भला आदमी सबका सुनने में माहिर।

भलाई वो ख़ामोश मुज़रिम सी लगती,
बुराई लगातार कहने में माहिर।

जो क़ाबिल है ख़ुद इक किनारे खड़ा है,
जो क़ाबिल नहीं सबसे मिलने में माहिर।

बड़े नोट तो हैं अमीरों के कैदी,
जो सिक्का है छोटा वो चलने में माहिर।

6

है मतलब की दुनिया मगर ग़म न करना।
शराफ़त की राहों पे तुम चलते रहना।

मिले तुमको नफरत लगाना गले से,
लपट उसके सीने की चुपचाप सहना।

बुराई करें बेवज़ह लोग जब भी,
डगर में रुके बिन सदा चलते रहना।

ज़माने के हाथों में पत्थर दिखे जो,
समझ फूल उन पत्थरों से न डरना।

तुम्हें लोग ख़ंजर से जब भी डरायें,
तो तुम याद 'पूनम' के बाँहों की करना।

7

सभी ख़ार गुल की हिफ़ाज़त ही करते।
मगर फूल उनकी शिकायत ही करते।

नरम दिल ही होते ज़ुबां जिनकी कड़वी,
उन्हें दुनिया वाले ये नफ़रत ही करते।

कभी जब हवाओं का रुख़ मोड़ना हो,
सभी रोकने की वो जहमत ही करते।

जिन्हें इश्क़ हरदम ही चाँदी से रहता,
वो रिश्तों में जुड़कर तिजारत ही करते।

जो 'पूनम' को अब तक बेगाना बताते,
वही इनको पाने की हसरत ही करते।

8

सदा दर्द आँचल में छुपता ही रहता।
कँवल कीचड़ों में भी खिलता ही रहता।

अँधेरे के सीने को करने को रौशन,
दिया आस से रोज़ जलता ही रहता।

सभी दूरियों को मिटा देगा इक दिन,
फ़लक भी ज़मीं से वो मिलता ही रहता।

मुहब्बत किनारों से है ख़ूब उसको,
समन्दर का पानी भी चलता ही रहता।

ये 'पूनम' की ख़्वाहिश वो ग़म सबके ले ले,
उसे ग़म जहां का भी खलता ही रहता।

9

तिरे पाँव में बढ़के कलियाँ बिछा दें।
हवाओं में ख़ुशबू की शोख़ी मिला दें।

मिरी हसरतें भी तिरे साथ चलतीं,
चमन के दरख़्तों में अरमां सजा दें।

वो ख़ुद चाँदनी रुख़ को तेरे सजाती,
डगर में हसीं चाँद को भी खिला दें।

ख़िज़ां रास्ता भूल जाये तुम्हारा,
बहारों को ही तेरे दर को दिखा दें।

कहा मान जाओ ओ महबूब 'पूनम',
चलो जाम हम ज़िंदगी के पिला दें।

10

शजर टूटकर आज गिरते भी देखा।
परिंदों के पर इस ज़मीं पे भी देखा।

कभी खिड़कियों की वो हस्ती मिटाते,
कभी चोट पत्थर को खाते भी देखा।

ज़माने की दौलत थी क़दमों में जिसके,
उसे एक लम्हे में खोते भी देखा।

वो जो प्यार के देवता बनके फिरते,
उन्हें बीज नफ़रत के बोते भी देखा।

जहां छोड़ना है ये 'पूनम' तुम्हें भी,
यहाँ के ख़ुदाओं को मरते भी देखा।

11

जहां ख़्वाब के जैसे लगता है मुझको।
खुली नींद तो झूठ दिखता है मुझको।

वो पानी में मौजें भी शामिल हैं जैसे,
यूँ ही आदमी माटी दिखता है मुझको।

ख़ुदा ने बनाया वज़ह क्या है इसकी,
कोई मन के अन्दर से कहता है मुझको।

उदासी मुझे आज क्यूँ भा गई है,
मिरा दर्द ही आज सुनता है मुझको।

सँभालो मुझे आज आ करके 'पूनम',
मिरा मन लगातार छलता है मुझको।

12

नहीं चाहिये अब ज़माने की दौलत।
मुझे लाके दे दो दिलों की वो उल्फ़त।

मिरा दम है घुटता मतलबी जहां में,
नहीं चाहिये अब दिखावे की शोहरत।

मिलेगा तुम्हें क्या सताकर किसी को,
रहो अम्न से छोड़ दो सारी नफरत।

ये महबूब मेरा यही मेरी जां है,
वतन पे फ़ना होना दिल की है हसरत।

लुटा दे रही है ख़ुशी का ख़जाना,
है रख रूप 'पूनम' का आई शराफत।

13

यही सोच करके परेशान हूँ मैं।
ज़माने के ग़म दूर कैसे करूँ मैं।

ये नज़रें जिधर फेरती दुःख ही दिखता,
ख़ुशी की वो महफ़िल उन्हें लाके दूँ मैं।

ख़ुदा मेरी सुन लो रहम कुछ तो खाओ,
जहां के सभी दर्द हँसके सहूँ मैं।

ये बिजली जो कइयों नशेमन जलाती,
है ख़्वाहिश उसे अपने दामन में लूँ मैं।

न कोई मरे भूख से फिर यहाँ पे,
ये तदबीर 'पूनम' से मिलके करूँ मैं।

14

मुहब्बत में हमने दिल-ओ-जां लुटाया।
ज़माने में उनकी दीवानी कहाया।

मैं एहसास में उनके खोई ही रहती,
तभी दर्द से मैंने रिश्ता निभाया।

तड़पती हूँ कितना न कहती किसी से,
गई महफ़िलों में मगर दिल जलाया।

हमेशा ये सोचूँ की तड़पेंगे वो भी,
मगर याद ने उनकी फिर से रुलाया।

अज़ब इश्क़ ये भी नहीं चैन 'पूनम',
निगाहों ने अश्कों को घर में बुलाया।

15

हमारा भी दिल काश पत्थर का होता।
अगर टूटता भी तो अब तक न रोता।

तराशा ही जाता अगर चोट लगती,
वो मंदिर में भगवान बनकर ही सोता।

इसे टुकड़े-टुकड़े जो कर देता कोई,
ये बदनाम ही था कहाँ नाम खोता।

कभी पत्थरों पर उगा ही नहीं कुछ,
भले लाख कोई मुहब्बत ही बोता।

मगर शीश-ए-दिल तूने पाया है 'पूनम',
तू शबनम से ही अपने दामन भिगोता।

16

जिसे दिल से चाहो वही दूर जाता।
नज़र में बसाओ वही दूर जाता।

बिना जिसके धड़कन धड़कती नहीं है,
दिल-ओ-जां लुटाओ वही दूर जाता।

निछावर ये ईमान भी जिस पे कर दो,
जहां भूल जाओ वही दूर जाता।

वही नाम शाम-ओ-सहर लब पे रहता,
सदा दे बुलाओ वही दूर जाता।

यही फलसफ़ा है मुहब्बत का 'पूनम',
भुला भी न पाओ वही दूर जाता।

17

मुझे आह अपनी छुपानी पड़ी है।
यूँ भी दुनियादारी निभानी पड़ी है।

मिले सबसे हँसके ग़म-ए-दिल छुपाया,
ख़ुशी दर्द में भी मिलानी पड़ी है।

गये महफ़िलों में तराने भी छेड़े,
बिना मन ग़ज़ल भी सुनानी पड़ी है।

ये ख़ामोशियाँ लब पे देतीं जो दस्तक,
मुझे झट निशानी मिटानी पड़ी है।

अभी ज़िंदगी को चुकाना है 'पूनम',
उधारी ग़मों की पुरानी पड़ी है।

18

मिरा इश्क़ तुमको रुलायेगा इक दिन।
मिरा दर्द तुमको सतायेगा इक दिन।

रहेंगे नहीं हम मगर नाम लोगे,
फ़साना ज़माना सुनायेगा इक दिन।

तुम्हें दिल्लगी ज़ख़्म देती रहेगी,
तू भी दाग दिल के छुपायेगा इक दिन।

हमीं ने रखी आबरू-ए-मुहब्बत,
ख़ुदा आसमां से बतायेगा इक दिन।

है रौनक वफ़ाओं की मुझसे ही 'पूनम',
जो मरके भी उल्फ़त निभायेगा इक दिन।

19

मिरे रूह का एक अहसास तुम हो।
लबों की मिरी आख़री प्यास तुम हो।

तुम्हारे सिवा कोई भाता नहीं है,
निगाहों की भी एक ही आस तुम हो।

कहें लोग तुमको हमारे ही हो तुम,
ज़माना कहे की मिरे खास तुम हो।

रहो दूर चाहे मगर दूरियाँ क्या,
अकेले नहीं हम, मिरे पास तुम हो।

ग़ज़ब का नशा तेरी यादों में 'पूनम',
मिरी ज़िंदगी मेरा विश्वास तुम हो।

20

चलो मन के मंदिर में तुमको बिठा दें।
परस्तिश करें देवता हम बना दें।

इशारे पे तेरे मैं हर काम करती,
डगर में तिरे चाँद तारे सजा दें।

मैं नज़रों में तस्वीर तेरी सजाऊँ,
तिरे दर पे हम अपनी ख़ुशियाँ बिछा दें।

मैं हसरत से तुमको निहारा करूँगी,
तुम्हें पाके ख़ुद क्या ख़ुदाई भुला दें।

ये ख़्वाहिश है 'पूनम' की महबूब मेरे,
इजाजत पे तेरे दिल-ओ-जां लुटा दें।

21

कई ज़ख़्म गहरे लगे आज फिर से।
पराया वो मुझको कहें आज फिर से।

उन्हें साथ मेरा गवारा नहीं है,
सितम हँसके मुझपे किये आज फिर से।

ये चाहत मिरी क़ैद लगती है उनको,
छुड़ा हाथ देखो चले आज फिर से।

तड़पना हमारा ही भाता है उनको,
वो दिल तोड़ करके हँसे आज फिर से।

है मशहूर 'पूनम' ये सहने में माहिर,
सभी तीर उनके सहे आज फिर से।

22

मुहब्बत की तक़दीर में है जुदाई।
मगर आग सीने में फिर भी लगाई।

जला ख़ाक करती न बचता यहाँ कुछ,
धुआं भी किसी को न देता दिखाई।

ये बदनामियाँ खूब मिलती हैं इसमें,
जिधर जाओ ताने ही देते सुनाई।

सदा बनके सावन बरसती हैं आँखें,
शब-ए-ग़म क़यामत के जैसे बिताई।

सभी लोग 'पूनम' की ही दाद देते,
मिटा करके हस्ती भी उल्फ़त निभाई।

23

तिरा नाम लेकर छलकती हैं आँखें।
जुदाई में तेरे तड़पती हैं साँसें।

कहीं नाम बदनाम तेरा न हो अब,
ये ख़ामोश ही अब निकलती हैं आहें।

मिरी आरज़ू को समझते न क्यूँ तुम,
तुम्हें दूर से ही बुलाती हैं राहें।

नहीं इश्क़ मेरा तुम्हें यूँ सताता,
हमें आग बिन क्यूँ जलाती हैं यादें।

तिरी बाजुओं में क़ज़ा काश आती,
तरसती रही हैं ये 'पूनम' की बाहें।

24

वो इक ख़्वाब सजता रहा है नज़र में।
भला कौन छुपता रहा है नज़र में।

भरी नींद में रात में सो रही थी,
मगर कौन चलता रहा है नज़र में।

लबों से उसे भी बुलाया न अब तक,
कहे बिन वो सुनता रहा है नज़र में।

मिरा दर्द लेकर ख़ुशी मुझको दे दी,
ग़मों में भी हँसता रहा है नज़र में।

ये अहसास 'पूनम' को रहता है हरदम,
नज़र से वो मिलता रहा है नज़र में।

25

डगर में मुझे अज़नबी बन मिले वो।
मिरी जान ले संग अपने गये वो।

लगे बेवज़ह ज़िंदगी मुझको मेरी,
मिरे दिल के नाले न अब तक सुने वो।

खड़ी होके देखूँ जहां लुटता अपना,
उसी मोड़ पर मेरे लम्हे रुके वो।

लबों से जो लफ़्ज़ों की टूटी है यारी,
के अरमां भी ज़ख़्मी मिरे हो चुके वो।

उन्हें तोड़ने में मज़ा ख़ूब आता,
पता अब चला पत्थरों के बने वो।

26

मुहब्बत मुक़म्मल हुई कब किसी की।
ये तक़दीर किसने लिखी आशिक़ी की।

नहीं मिल सके जिसको चाहो ज़ियादा,
लुटा दो ख़ुशी तुम भले ज़िंदगी की।

वो सावन की रातें रुलायें हमेशा,
हवायें चलें हर घड़ी याद ही की।

वो अल्फ़ाज़ उनके सभी खो गये जब,
न वज़हें रहीं याद नाराज़गी की।

रहा याद इतना जुदा हो गये वो,
सुहानी घड़ी थी यही शाम ही की।

निगाहों की तस्वीर धुँधली दिखे है,
इन्हें अब गरज़ ही नहीं रौशनी की।

छुपे ख़्वाब रातों में अक्सर जगाते,
गली से गुज़रते सदा नींद ही की।

चमक ख़ूब थी रंग नकली थे लेकिन,
मगर मुझको भाई चमक सादगी की।

उजाले निगाहों को खलने लगें जब,
सुकूं मन को दें बाजुएँ तीरगी की।

तुम्हारे लिये सब तरसते हैं 'पूनम',
पता किसको तू है बनी तिश्नगी की।

27

कई ख़्वाहिशें छू गुज़रती हैं उनको।
निगाहें हैं बेचैन कहती हैं उनको।

हवाओं का छूना भी उनसा लगे है,
हो आहट ज़रा भी तो सुनती हैं उनको।

बसे रूह में वो लगे मुझको अपने,
तभी ख़ुद से ज्यादा समझती हैं उनको।

मिरी साँस में वो धड़कते हैं हरदम,
तभी रात दिन याद करती हैं उनको।

मिलेंगे वो आकर के 'पूनम' से इक दिन,
ये तन्हाइयाँ रोज़ खलती हैं उनको।

28

मुझे आज तक कोई समझा नहीं है।
सभी गैर हैं कोई अपना नहीं है।

ज़ुरूरत के सब रिश्ते नाते यहाँ पे,
बनूँ साँस जिसकी वो मिलता नहीं है।

जिन्हें मैं सजाती बना अपनी धड़कन,
कहा नब्ज़ का भी वो सुनता नहीं है।

तरसती रही मैं चलूँ साथ उनके,
क़यामत तलक कोई चलता नहीं है।

ज़माने में घर इक अकेला बनाऊँ,
परायों सा अहसास जँचता नहीं है।

है दूजे जहां की बनी ही तू 'पूनम',
तिरे जैसा अब कोई दिखता नहीं है।

29

कभी ख़्वाब बनके रहे जो नज़र में।
बिछड़कर गये जाने वो किस शहर में।

मिलेंगे दुबारा वो ख़्वाबों में ही अब,
वो जाकर छुपे हैं किसी और घर में।

किसी आँख का नूर वो बन गये हैं,
वो बन चाँद चमकें किसी और दर में।

जिधर देखती हूँ वही अक्स दिखता,
मुझे उनकी आहट है मिलती सहर में।

तुम्हें रोक लेंगे निगाहों से 'पूनम',
अगर इत्तिफ़ाकन मिले जो डगर में।

30

जिन्हें आईना ख़ुद बनाया है मैंने।
ये जां भी उन्हीं पर लुटाया है मैंने।

उन्हें देख करके निखरते थे हरदम,
वही रूप अब तक सजाया है मैंने।

ख़ुशी नाम से उनके ख़ुश होके आती,
ख़ुशी का ख़जाना छुपाया है मैंने।

मिली उनकी आहट धड़कता है ये दिल,
उन्हें नब्ज़ में भी बसाया है मैंने।

नहीं इश्क़ 'पूनम' करे कोई मुझसा,
तभी मौत को घर बुलाया है मैंने।

31

वफ़ाओं के बदले ज़फ़ा ही मिलेगी।
मुहब्बत में दिल को सज़ा ही मिलेगी।

ये दस्तूर मौसम का देखा पुराना,
हवाओं में गुम इक सदा ही मिलेगी।

मनाने का जिनको सलीका न आये,
उन्हें ज़िंदगी भी ख़फ़ा ही मिलेगी।

जो देते हैं इज़्ज़त बुजुर्गों को अपने,
उन्हें उनसे हरदम दुआ ही मिलेगी।

मिरी बाजुओं में चले आओ 'पूनम',
तुम्हें दर्द-ए-दिल की दवा ही मिलेगी।

32

हवाओं में अहसास मेरे घुले हैं।
वही अब्र बन आसमां पे उड़े हैं।

रहेंगे न हम याद मेरी रहेगी,
नज़ारों में भी अक्स मेरे मिले हैं।

मिरा दिल जला जो शमा होती रौशन,
पतंगों के जैसे ही आशिक़ जले हैं।

है खिलना बिखरना ही तकदीर उनकी,
मगर गुल ख़िज़ाओं से कब ये डरे हैं।

भले गर्दिशें हों मगर साथ देते,
सदा चाँद के संग बादल चले हैं।

अमिट प्यार की है कहानी हमारी,
फ़साने ये 'पूनम' हमेशा रहे हैं।

33

है दुनिया की हसरत नज़र मैं उठाऊँ।
ख़िज़ाओं से उजड़ा वीराना सजाऊँ।

कई दिल जो घायल तड़पते यहाँ पे,
करम करके मैं पास उनके भी जाऊँ।

बिखेरूँ ये ज़ुल्फ़ें हसीं वादियों में,
ज़मीं करती मिन्नत मैं सावन बुलाऊँ।

क़दम को हमारे डगर सजदा करती,
पड़ी धूल को फूल जैसे खिलाऊँ।

फ़िज़ायें मिरा नाम ले लेके झूमें,
जो आयेगा 'पूनम' गुलों को बिछाऊँ।

34

मिली जबसे तुमसे निखर सी गई हूँ।
निगाहें मिलीं मैं सँवर सी गई हूँ।

धड़कता था दिल रात-दिन बेवज़ह ये,
मिली ज़िंदगी तुमपे मर सी गई हूँ।

छलकते ज़मीं पर ये अहसास मेरे,
थी पैमाना खाली मैं भर सी गई हूँ।

निशाना तुम्हारा नहीं चूकता है,
छुवन से नज़र की सिहर सी गई हूँ।

हवाओं से 'पूनम' चले जा रहे हो,
मैं ख़ुशबू हूँ तुममें बिखर सी गई हूँ।

35

सभी पी रहे थे नज़र से तुम्हारे।
नशे में दिखे बज़्म में लोग सारे।

मची होड़ साक़ी के दर पर ज़ियादा,
सभी चाहते थे दिलों के सहारे।

नशा कुछ अलग आज सबको हुआ है,
क़दम लड़खड़ाते हैं देखो हमारे।

ये पैमाने खाली नहीं हो रहे हैं,
थके जा रहे हैं भले ये किनारे।

तुम्हें देखकर चाँद भी लड़खड़ाया,
ख़ुदा तुमको 'पूनम' फ़लक से निहारे।

36

मुहब्बत करें या उन्हें छोड़ दें हम।
तड़पना ही होगा जो चाहें करें हम।

न मंज़िल की चाहत न मस्ती सफ़र की,
यूँ ही बेवज़ह उम्रभर ही चलें हम।

बिना इश्क़ के ज़िंदगी कुछ नहीं है,
भले साँस लेने की ख़ातिर जियें हम।

यूँ मायूस होकर सहर रोज़ आती,
ग़ज़ल रातभर की ये किससे कहें हम।

जलन अपने सीने की किसको दिखायें,
जो तन्हा ही रहकर के तिल-तिल जलें हम।

सुकूं इस ज़माने में किसको मिला है,
चलो हँसके 'पूनम' सितम सब सहें हम।

37

कभी ज़िंदगी बोझ जैसी लगे है।
अँधेरे तले शाम जैसी दबे है।

घिरा बादलों से छुपा चाँद जैसे,
नहीं कोई रौनक भी इसमें दिखे है।

न अरमान कोई मचलता है इनमें,
नज़र को नहीं कोई सूरत जँचे है।

न अब चाँदनी रात मुझको सुहाती,
फ़लक पर वही चाँद अब भी खिले है।

नहीं महफ़िलें सजतीं पूनम के घर अब,
कहाँ हमसे अब वो वीराना सजे हैं।

38

ये इल्ज़ाम हमपे कि हँसते बहुत हैं।
दिलों के ये अहसास लिखते बहुत हैं।

छुपे भाव जिनके हमेशा ही रहते,
किताबों से चेहरों को पढ़ते बहुत हैं।

हरे ज़ख़्म मुझको तलाशें हमेशा,
कहें लोग मुझको कि सहते बहुत हैं।

क़दम चूमकर मंज़िलें मुझसे बोलीं,
रुको तो ज़रा आप चलते बहुत हैं।

वो अल्फ़ाज़ कल रात 'पूनम' से बोले,
ठहर जाओ अब यार सुनते बहुत हैं।

39

किया गर्दिशों ने ही मशहूर मुझको।
ज़फ़ा ने किया तेरी बेनूर मुझको।

हँसी छीन ली तूने होंठों से मेरे,
बना वक़्त ने डाला मगरूर मुझको।

मिरा रूप जो अब न भाये तुम्हें ये,
तुम्हीं ने कहा था कभी हूर मुझको।

कभी लोग पत्थर का कहते हमें थे,
सितम ने तिरे कर दिया चूर मुझको।

जला करके दिल रोशनी घर में की थी,
उजाला मिला तब ही भरपूर मुझको।

मुझे दर्द 'पूनम' मिला जब ज़ियादा,
तभी मिल गया लफ़्ज़ का नूर मुझको।

40

बढ़ाओ क़दम तो ही राहें बनेंगी।
झुकी डालियाँ तेरी छाहें बनेंगी।

अकेले नहीं हो ज़रा आके देखो,
उठाओ नज़र सौ निगाहें बनेंगी।

तिरे ज़ख़्म पर ये जहां रो पड़ेगा,
करोगे जो उफ़ लाख आहें बनेंगी।

ज़मीं धन्य होगी लगाओ शजर तुम,
के औलाद जैसी ही बाहें बनेंगी।

तिरी चाहतों के निशां होंगे 'पूनम',
करोगे जो कोशिश पनाहें बनेंगी।

41

कभी मेरी दहलीज को लाँघ जाओ।
दीवारों की भी खोई किस्मत जगाओ।

मिरे घर का आँगन तके राह तेरी,
करम मुझपे करके कभी घूम जाओ।

रखा आईना अब चमक करके कहता,
नज़र मुन्तिज़र है झलक इक दिखाओ।

मिरे मन का मंदिर भी खाली पड़ा है,
ज़रा देर को देवता बनके आओ।

गली भी महकती तुम्हें पाके 'पूनम',
हवाओं के झोकों सी ख़ुशबू लुटाओ।

42

कई बार सोचा तुम्हें भूल जाऊँ।
मैं दिल को भी बेजान पत्थर बनाऊँ।

सँभाला बहुत अपनी साँसों को मैंने,
तिरा नाम मैं धड़कनों से मिटाऊँ।

मगर याद तेरी बहुत याद आई,
लगे जान से अब अलग हो न जाऊँ।

ख़ुदाया बनाया है दिल तूने ऐसा,
मैं इक बेवफ़ा पे दिलों जां लुटाऊँ।

मुझे लग गई लत है 'पूनम' तुम्हारी,
तिरी याद के बिन नहीं जी मैं पाऊँ।

43

यही शाम कितनी सुहानी थी पहले।
मिरी धड़कनों में रवानी थी पहले।

दिखे चाँद जब छत पे जाते थे फौरन,
हवा लेके आती निशानी थी पहले।

ग़ज़ब के वो दिन थे नशा ही नशा था,
नज़र भी किसी की दीवानी थी पहले।

कहाँ खो गईं चाँद तारों की बातें,
चली रात भर वो कहानी थी पहले।

उन्हें याद करके महकती है 'पूनम',
शराबी बड़ी रातरानी थी पहले।

44

है मालूम दुनिया हमारी नहीं है।
हो नादान तुम भी तुम्हारी नहीं है।

भुलावे में सब हैं विरासत है उनकी,
किसी से मगर इसको यारी नहीं है।

किराये के घर के ही मालिक बने हो,
कोई हक़ तिरे नाम ज़ारी नहीं है।

बनाते तुम्हीं हो बड़ा छोटा सबको,
कोई चीज हल्की या भारी नहीं है।

नहीं इल्म है तुमको जीवन का 'पूनम',
समझते हो जो, बात सारी नहीं है।

45

मुझे मौत दे दो करो कम न उल्फ़त।
यही इल्तिज़ा मुझको दे दो मुहब्बत।

हुई भूल क्या तुम डगर मेरी भूले,
चले आइए मेरे दिल की है हसरत।

हैं अनमोल तोहफ़ा निगाहें तुम्हारी,
भरो प्रेम इनमें बसाना न नफरत।

फ़कीरी से बढ़कर न धन कोई दूजा,
नहीं चाहिए अब ज़माने की दौलत।

न कुछ होश रहता अगर इश्क़ में हों,
ग़ज़ब की है शय सब करें इसकी चाहत।

लिया दिल के बदले ये दिल तुमने 'पूनम',
वफ़ाओं की फिर क्यूँ न करते हो इज़्ज़त।

46

चराग़ों सा दिल को जलाया हमेशा।
तिरे साथ भी यूँ निभाया हमेशा।

बड़ी तीरगी मेरी राहों में छहरी,
मैं जुगनू बना टिमटिमाया हमेशा।

कभी आँधियों में मिला था मुझे जो,
दुपट्टा गले से लगाया हमेशा।

वो बरसात सँग में रुलाती है अपने,
हवाओं से संदेश आया हमेशा।

ये यादों के मौसम सदा रहते 'पूनम',
मिरा यार मुझको सताया हमेशा।

47

पलों में सदी भी समाई है देखो।
हँसी में छुपी वो रुलाई है देखो।

अलग कुछ नहीं बस नज़रिया अलग है,
ये तस्वीर ख़ुद ही बनाई है देखो।

मिरी माँ ख़ुदा है करूँ उनको सजदा,
ये दुनिया मुझे वो दिखाई है देखो।

ये महबूब मेरा मुहब्बत है इससे,
वतन पे जवानी लुटाई है देखो।

अचानक कभी आप आ जाओ 'पूनम',
नज़र राह में ही बिछाई है देखो।

48

मची दौड़ है इस ज़माने में कैसी।
लगी भीड़ सूरत दिखाने में कैसी।

जो दिल का करीबी कोई रूठ जाये,
है उसको शरम फिर मनाने में कैसी।

अगर इश्क़ तुमको कहीं हो ही जाये,
बुराई मुहब्बत जताने में कैसी।

कभी भूल से भूल हो जाये तुमसे,
है उलझन उसे फिर बताने में कैसी।

नज़र फेर करके चला आज 'पूनम',
है जल्दी उन्हें आने जाने में कैसी।

49

क़दम थम गये अब दिखा ऐसा मंज़र।
लगे ख़ौफ़ मुझको डराता दरोदर।

मैं बीमार हूँ पर सिहर सी गई हूँ,
मसीहा के हाथों में देखा जो ख़ंजर।

थीं महफूज़ अब तक दीवारें हमारी,
अभी अज़नबी सा निहारे मिरा घर।

बची रोशनी मेरी आँखों में जो थी,
लिया छीन तुमने दिया तीरगी भर।

तुम्हें शौक गहरा गिराने का हमको,
मगर गिर गये ख़ुद लगाने में ठोकर।

बिना पाँव अब तक चली हौसले से,
सँभलती रही मैं हमेशा ही गिरकर।

अँधेरे में तुम रौशनी लिख के देखो,
हज़ारों दिये जल उठेंगे ओ रहबर।

मिली ज़िंदगी जो निगाहें मिलाईं,
तुम्हें देख 'पूनम' तुम्हीं पे गई मर।

50

अकेले चलो साथ राहें चलेंगी।
बुज़ुर्गों की हरदम दुआयें चलेंगी।

वो अहसास पहला नहीं भूलता है,
बदन को सँभाले वो बाँहें चलेंगी।

छुपाओ भले तुम गुनाहों को भरसक,
न भूलो ख़ुदा की निगाहें चलेंगी।

महक इश्क़ जैसी न मिलती कहीं पे,
बहक उट्ठे मन वो हवायें चलेंगी।

ये आगाज़ अंजाम बातों के होते,
सदा आदमी सँग सदायें चलेंगी।

कभी बेबसों को सताना न 'पूनम',
वो मर भी गये उनकी आहें चलेंगी।

51

कभी सच न पूरा दिखाती हैं आँखें।
सुनो ध्यान देकर बताती हैं आँखें।

नशेमन बना इनका दरिया में ही है,
तभी टूटकर बाढ़ लाती हैं आँखें।

तड़पती रहें दूसरों के लिये ही,
परायों की ख़ातिर रुलाती हैं आँखें।

बसी इनमें तस्वीर है उम्रभर की,
समन्दर की मौजें बुलाती हैं आँखें।

लिखी दास्तां है सियाही क़लम बिन,
कई राज़ दिल में छुपाती हैं आँखें,

करम इनका सब पे, दिखातीं ये दुनिया,
सभी रिश्ते नाते निभाती हैं आँखें।

52

मिलाती हूँ जब मैं फ़लक से निग़ाहें।
मुझे कौन देता वहाँ से सदायें।

है रिश्ता ये कैसा न मालूम मुझको,
हूँ बेचैन कितनी ये किससे बतायें।

जुड़ा तार मेरा दिखाई न देता,
चलो यार मेरे तुम्हें भी दिखायें।

चमकते सितारों के साथी बनें हम,
चलो उस जहां में तिरा घर बनायें।

लगे मुझको हरदम मैं हूँ आसमां की,
तुम्हें लेके 'पूनम' ज़मीं पे ही आयें।

53

हमें आपसे भी मुहब्बत है उतनी।
हवाओं से साँसों को उल्फ़त है जितनी।

जिसे सूखने पे रखे बाजुओं में,
है चाहत किनारों को दरिया की जितनी।

बिना एक दूजे के रहते नहीं है,
लबों से वो प्यासों की यारी है जितनी।

करे जां निछावर भी जो रोशनी पर,
निगाहों को तस्वीर प्यारी है जितनी।

सलीका सभी लोग 'पूनम' से सीखे,
ये दुनिया ग़ज़ल की दीवानी है जितनी।

54

मुझे पूरी दुनिया ज़ियादा ही चाहे।
वो महबूब मेरा तो आधा ही चाहे।

सभी चाहते उनके दिल में रहूँ मैं,
ख़ुदा मुझको दिल में बसाना ही चाहे।

मिरे रूप से रोशनी माँगते सब,
मिरा यार मुझको छुपाना ही चाहे।

वफ़ा की चुनर ओढ़ करके चली मैं,
वो ज़ख़्मों को मेरे दिखाना ही चाहे।

मुहब्बत को भी आशिक़ी हमसे ही है,
वो साँसों में मेरी समाना ही चाहे।

55

कभी दिल किसी से लगाना नहीं तुम।
हो बेचैन कितने बताना नहीं तुम।

दीवाना बना लेंगे जब तुमको अपना,
कहेंगे वो, महफ़िल में आना नहीं तुम।

न बदनाम करना यूँ चाहत को अपनी,
हरे ज़ख़्म सबको दिखाना नहीं तुम।

यक़ीं तुम न करना भले गर्दिशें हों,
रकीबों से यारी निभाना नहीं तुम।

भरोसा नहीं ज़िंदगी का ज़रा भी,
मिले वक़्त जो भी गँवाना नहीं तुम।

है तक़दीर 'पूनम' जो मिलती है चाहत,
अगर कोई चाहे रुलाना नहीं तुम।

56

मुहब्बत लिये संग बरसात आई।
बढ़ी प्यास साँसों की वो रात आई।

वो बूँदें मिलाती हैं मन को किसी से,
दिलों की दिलों से मुलाकात आई।

जो बीते दिनों को समेटे रही है,
तड़प उठ्ठा मन लेके लम्हात आई।

कहीं मर न जायें जुदा होके उनसे,
ये तन्हाइयों की है बारात आई।

उगाती रही इश्क़ दिल की ज़मीं पर,
लिये आज 'पूनम' वो सौगात आई।

57

चले जा रहे थे समन्दर किनारे।
वो लहरें बुलायें मुझे कर इशारे।

बताया मुझे याद करता है कोई,
मिरा नाम लिख ढूँढ़ता है सहारे।

कभी रेत का घर बनाकर मिटाता,
वहीं होश खोकर मुझे वो पुकारे।

लगा करके सीने से तस्वीर मेरी,
उकेरे कई अक्स हरदम हमारे।

वो हर रोज़ 'पूनम' सदायें है देता,
हवाओं के अहसास तब लगते प्यारे।

58

नज़र गर किसी से मिलाई न होती।
तो दुनिया ख़ुदा ने बनाई न होती।

अगर इश्क़ रब को किसी से न होता,
दिलो में भी धड़कन समाई न होती।

तड़पता ही होगा मुहब्बत में ख़ुद वो,
अगन उसने जल में लगाई न होती।

ये तन्हाइयाँ चुभ रही होंगी उसको,
शब-ए-ग़म में दिल की जुदाई न होती।

दीवाना वो 'पूनम' बनाकर हुआ है,
नहीं तो दीवानी ख़ुदाई न होती।

59

अगर दिल किसी से लगाया न होता।
निगाहों ने भी दर्द पाया न होता।

न बेचैन हो करके हम होश खोते,
हवाओं ने दामन जलाया न होता।

वो सावन की रातें सतातीं न हमको,
मुझे बूँद ने सँग रुलाया न होता।

मिले ख़ार जब भी शिकायत नहीं की,
गुलों से ये मन ज़ख़्म खाया न होता।

मैं उल्फ़त सजाने ज़मीं पे न आती,
के दुनिया में 'पूनम' भी आया न होता।

60

बहुत प्यार मुझको दिया ज़िंदगी ने।
नशे में डुबाया तिरी आशिक़ी ने।

मुहब्बत भरे पल सदी के बराबर,
ख़ुदा से मिलाया मुझे बेख़ुदी ने।

उजाले निगाहों को भाये हमेशा,
सँवारा मिरी ज़ुल्फ़ को तीरगी ने।

चमकने की मुझसे वज़ह लोग पूछें,
मिरा रुख़ सजाया सदा रोशनी ने।

नज़ारे सँवरकर निहारें नज़र को,
नज़र को बुलाया है घर दिलकशी ने।

मिली शायरी मुझसे नींदों में 'पूनम',
बनी शायरा दिल लुभाया उसी ने।

61

तिरे इश्क़ ने यूँ दीवाना बनाया।
ख़िज़ांओं का मौसम सुहाना बनाया।

नशेमन की मुझको ज़ुरूरत नहीं है,
निगाहों को तेरे ठिकाना बनाया।

ख़यालों में दिन रात डूबी रहूँ मैं,
मिलूँ तुमसे कितना बहाना बनाया।

मुझे जुस्तजू भी हमेशा थी उनकी,
यही सोच मुझको निशाना बनाया।

मैं जन्मों से 'पूनम' तुम्हारी रही हूँ,
तभी तुमको आशिक़ पुराना बनाया।

62

हवाओं में नफ़रत भी कुछ लोग घोलें।
मिलाकर ज़हर बोलियाँ लोग बोलें।

वो इक बात ही पूरी बस्ती जलाती,
विचारें तभी अपने होंठों को खोलें।

परायों के ज़ख़्मों को अपना बनाकर,
सभी दर्द ले अपनी आँखें भिगो लें।

वही एक पल ज़िंदगी जिसमें बसती,
मुहब्बत के वो सारे लम्हें सँजो लें।

नहीं कुछ मज़ा गर अकेले जियें तो,
कभी इश्क़ में हम किसी के ही हो लें।

तपिश से मिरे अश्क जलते रहे हैं,
कभी तेरे शाने पे जी भरके रोलें।

कई रात नीदों में जागा किये हम,
बिखेरो ये गेसू ज़रा देर सो लें।

इन्हें अपने आँचल में तुम बाँध रखना,
हैं 'पूनम' की बातें तराजू में तोलें।

63

गले लगके तुम प्यास मेरी बुझाओ।
ये उल्फ़त की रस्में ज़रा तो निभाओ।

मिलेगा नहीं राज़दां तुमको हमसा,
कभी राज़-ए-दिल आके हमसे बताओ।

खिलाया चमन है तुम्हारे ही ख़ातिर,
मिरी दिल की गलियों में तुम घूम जाओ।

मैं हर हाल में साथ तेरे चलूँगी,
हँसाना न चाहो तो आके रुलाओ।

ये आँखें तरसतीं तुम्हारे लिये ही,
ये 'पूनम' तुम्हारी है अपना बनाओ।

मिरे गेसुओं के ये साये तो देखो।
मैं ग़म को सजा लूँगी देके तो देखो।

तिरी आँख में अश्क आये कभी गर,
मैं पलकों में रख लूँगी रोके तो देखो।

मिरी बाजुओं में कशिश है ग़ज़ब की,
बना जान लूँगी मैं आके तो देखो।

हो अनमोल जानम सभी जानते हैं,
दिलो जां लुटा दूँगी बिकके तो देखो।

मैं सूरज को होंठों की लाली बना लूँ,
फ़लक लाके दूँगी ये कहके तो देखो।

ये रातें भी अपनी तिरे नाम कर दूँ,
के आग़ोश में मेरे सोके तो देखो।

लिखे वर्क़-ए-दिल पे तिरा नाम 'पूनम',
सदा के लिये मेरे होके तो देखो।

65

सफ़र आख़री कुछ निशानी तो दे दो।
नई गर न दो अब पुरानी तो दे दो।

ख़िज़ां ज़िंदगी में हमेशा रही है,
वो इक शाम मेरी सुहानी तो दे दो।

क़यामत में भी याद जिसको करें सब,
मिरे इश्क़ को वो कहानी तो दे दो।

हो तुम नूर जिनके समाये तुम्हीं तुम,
निगाहें मिरी वो दीवानी तो दे दो।

वो राहें भी आसान हो जायें इनकी,
मिरी साँस को वो रवानी तो दे दो।

66

हवाओं में शामिल तिरी याद देखो।
ये अरमां उड़ायें ज़रा इनको रोको।

बसी इनमें अहसास की है रवानी,
है सामान मेरा इन्हें ले न जाओ।

ज़रा देर ठहरो लगा लूँ गले मैं,
पराई नहीं हूँ कहा मान जाओ।

बता दो पता मेरे महबूब का तुम,
कहाँ जा रही हो मुझे साथ ले लो।

सँदेशा मिरा उनको दे देना 'पूनम',
तड़पती हूँ दिन रात तुम आके मिल लो।

67

मुहब्बत में सब कुछ लुटा के तो देखो।
निगाहें किसी से मिला के तो देखो।

ग़ज़ब का मज़ा बेख़ुदी में है मिलता,
कभी ख़ुद की हस्ती मिटा के तो देखो।

ख़ुशी की वज़ह तुम बनो दूसरों की,
बुझी सी वो सूरत खिला के तो देखो।

सफ़र की है चाहत तो मानो कहा तुम,
ये सामान सारे लुटा के तो देखो।

नहीं है फ़रक आदमी आदमी में,
वो दीवार सारी हटा के तो देखो।

महक जाओगे ख़ुद हँसी बाँटोगे गर,
के रोते हुए को हँसा के तो देखो।

तिरा रूप है चाँद के जैसा 'पूनम',
कभी रुख़ पे ज़ुल्फ़ें गिरा के तो देखो।

68

तड़प मेरी आँखों की होती नहीं कम।
ये चाहें रहो पास तुम इनके हरदम।

मिलन में जुदाई के साये भी रहते,
निगाहें तभी तो बनी रहतीं पुरनम।

तुम्हारी ही हसरत में खोई रहें ये,
सताये हमेशा तुम्हारा इन्हें ग़म।

है रौनक भी इनकी तुम्हारी वज़ह से,
ज़रा देखिए ज्यों चमकती हो शबनम।

मिरी ख़ुशनसीबी मिला इश्क़ तेरा,
करम आपका जो बने मेरे 'पूनम'।

69

कहाँ चाहने वाला दिल का मिलेगा।
जहां में नहीं इश्क़ ऐसा मिलेगा।

भरी कितनी हसरत निगाहों में मेरी,
सनम मुझको प्यारा न तुमसा मिलेगा।

तुम्हारे सिवा कुछ भी भाये न हमको,
मिरा प्यार ख़ुशबू के जैसा मिलेगा।

मिले मौत से ज़िंदगी आके जैसे,
मिलो तुमको अहसास वैसा मिलेगा।

तिरी साँस में यूँ समा जाये 'पूनम',
अँधेरों में शामिल वो दिन सा मिलेगा।

70

ज़फ़ा का तुम्हें शौक हरदम रहा है।
मिरे घर वफ़ाओं का मौसम रहा है।

तिरा दिल है पत्थर बने मोम कैसे,
मिरे दिल में शीशे का आलम रहा है।

चमक तेज़ जलवों की देखी तुम्हारी,
फ़लक पे भी वो चाँद मद्धम रहा है।

रहा चाक दामन कलेज़ा है ज़ख़्मी,
यूँ तिल तिल जलाता तेरा ग़म रहा है।

उन्हें रोज़ पूजूँ ये 'पूनम' की फितरत,
मगर बेख़बर मेरा हमदम रहा है।

71

बनाया है दिल को लुभाने की ख़ातिर।
मिले तुमसे हम ज़ख़्म पाने की ख़ातिर।

है तक़दीर में इनके पानी ही पानी,
ये आँखें बनीं अश्क पाने की ख़ातिर।

जो उल्फ़त से अंजान रहते हमेशा,
मिला हुस्न उनको लुभाने की ख़ातिर।

चमन के गुलों की भी चाहत तुम्हीं हो,
वो ख़ुशबू लुटायें बुलाने की ख़ातिर।

ये 'पूनम' की रातें हैं मशहूर इतनी,
खिली चाँदनी बस नहाने की ख़ातिर।

72

ग़ज़ब का मुखौटा लगाया है तुमने।
इसी झूठ से सच छुपाया है तुमने।

हथेली में तुमने किया बंद जुगनू,
यूँ ही दिन को रातें बताया है तुमने।

पड़े पत्थरों से क़दम जा भिड़े जो,
न पत्थर डगर से हटाया है तुमने।

अगर बादलों से जो सूरज ढँका तो,
उसे चाँद कहकर दिखाया है तुमने।

बहुत सोचकर हद बनाई गई है,
मगर हद से ज्यादा हँसाया है तुमने।

जलाकर के दिल रौशनी हमने की जो,
नज़र को चुभे कह बुझाया है तुमने।

वो तस्वीर जिसको बनाते रहे तुम,
बनाकर उसी को मिटाया है तुमने।

सदा मेरी गर्दिश में, तुम तक न पहुँची,
ज़ुरूरत तुम्हें, तब बुलाया है तुमने।

छुपा रूप तेरा समझती है 'पूनम',
भले आईना भी छुपाया है तुमने।

73

बताया गया हमको हम सच ही बोलें।
खुले लब कभी जो तो लफ़्ज़ों को तोलें।

हवाओं के भी दम घुटे नफरतों से,
मुहब्बत के अहसास हम इनमें घोलें।

लगे नब्ज गलने मिले दर्द इतना,
तो गैरों के कंधे पे सर रख के रोलें।

न अपना पराया कोई जग में होता,
यही सोच करके ज़माने के हो लें।

रहें ख़ुश सभी आरज़ू है हमारी,
चलो बीज ख़ुशियों के मेहनत से बोलें।

यही नेकियाँ कर रही है ये 'पूनम',
मिली ज़िंदगी मौत की नींद सो लें।

74

क़दम को हवा संग उड़ते है देखा।
हवा को ज़मीं पे भी चलते है देखा।

वो चट्टान से ही बनी जिसकी हस्ती,
हिमालय को इक रोज़ झुकते है देखा।

परिंदे उड़ें आसमानों में हरदम,
ज़मीं पे उन्हें टूट गिरते है देखा।

निगाहों को दिन रात दिखते जुदा से,
मगर चाँद सूरज को मिलते है देखा।

हो हालात जो भी वो हिम्मत न हारे,
ख़िज़ां में सदा ख़ार खिलते है देखा।

दिखे आग पानी में शामिल हमेशा,
समन्दर को ख़ामोश जलते है देखा।

जलाये चराग़ों को तूफां में 'पूनम',
हवाओं के घर लौ को पलते है देखा।

75

यहाँ हारने वाले आये सदा ही।
जो जीता सिकन्दर कहाये सदा ही।

वो छुपते रहे लाख पर्दे में अब तक,
मुहब्बत उन्हें खींच लाये सदा ही।

गुज़रते हो तुम उनकी राहों से अक्सर,
वो इक आँख बेबस बुलाये सदा ही।

जिन्हें इश्क़ नफ़रत से होता है वो तो,
शजर नफरतों के लगाये सदा ही।

मिलन और जुदाई लगे जैसे मौसम,
ख़िज़ां ही बहारें बुलाये सदा ही।

मेरे लफ़्ज़ को मौत मारेगी कैसे,
ये 'पूनम' के अल्फ़ाज़ गाये सदा ही।

76

मिले कामयाबी अगर सोच लोगे।
मिलेगी ये मंज़िल जो ख़्वाहिश करोगे।

बने चाँद तारे हमारे लिये ही,
चलेंगे ये ख़ुद साथ तुम जो चलोगे।

करो काम ऐसे करे याद दुनिया,
अगर ठान लोगे नहीं तुम मरोगे।

इबादत समझ करके मेहनत करो गर,
जो मन साथ देगा नहीं तुम थकोगे।

बना पत्थरों के निशां जैसा 'पूनम',
मिटाने में तुम उसको ख़ुद ही मिटोगे।

77

हमेशा बुराई से बचके रहो तुम।
सदा नेकियों की डगर पे चलो तुम।

क़दम सच के, खुशबू मिलाकर बने हैं,
हवाओं से ये बात मिलकर कहो तुम।

मिली ज़िंदगानी मगर दिन हैं थोड़े,
बहारों के मौसम हैं आके मिलो तुम।

है अनमोल, कुदरत ने, हमको दिया जो,
उसे बाँट दो रोज़ खुलकर हँसो तुम।

लुटाने में सचमुच ग़ज़ब का मज़ा है,
मिटा करके हस्ती दिये सा जलो तुम।

गुलों की गुज़ारिश है 'पूनम' से इतनी,
तकाज़ा चमन का है फिर से खिलो तुम।

ज़माने की बातों को गर तुम सुनोगे।
क़दम अपने मंज़िल पे कैसे रखोगे।

लगायेगा ठोकर जो पत्थर मिलेगा,
तराशो उसे तब ख़ुदा से मिलोगे।

हँसेगा यक़ीनन यही वक़्त तुम पर,
कभी बेक़सों पर अगर तुम हँसोगे।

अधूरी वो बातें ख़तरनाक होतीं,
सुनो ग़ौर से तुम तभी तो कहोगे।

मिटाता है जो ख़ुद भी मिटता है सचमुच,
उठाओ किसी को तो ख़ुद भी उठोगे।

रकीबों के तानों को ताक़त बना लो,
तभी साथ 'पूनम' के तुम रह सकोगे।

79

कई ज़ख़्म दिल में जहां ने लगाया।
वो मरहम मगर आसमां ने लगाया।

मिरी ज़िंदगी मौत से जा मिली थी,
बचाकर गले मेहरबां ने लगाया।

लिये लोग ख़ंजर तलाशें दरोदर,
तभी मुझपे चादर धुआं ने लगाया।

सभी राज़ पाने की कोशिश किये जब,
तो ताला मिरे राज़दां ने लगाया।

बहुत दर्द है बात कितनी सुनें हम,
ये इल्ज़ाम भी हमज़ुबां ने लगाया।

वो चिन्गारियाँ जो दबाये थी 'पूनम',
वही आग अब कारवाँ ने लगाया।

८०

मुझे ज़िंदगी रास आने लगी है।
ये धड़कन मेरी मुस्कुराने लगी है।

परिंदे मुझे गीत गाकर सुनाते,
सहर भी जरा गुनगुनाने लगी है।

शिकायत उसे उसके घर मैं न जाती,
ख़ुशी मुझको फिर से बुलाने लगी है।

मुहब्बत का मौसम भी आया है देखो,
कली रूप अपना छुपाने लगी है।

सुना इल्म दुनिया ने ख़ुद ही जो आकर,
वो 'पूनम' को दिल से लगाने लगी है।

81

मुहब्बत करो ज़िंदगी से हमेशा।
सजाओ ये सूरत हँसी से हमेशा।

न खेलो कभी तुम दिलों से किसी के,
रहो दूर तुम दिल्लगी से हमेशा।

अगर आग से जल रही हों हवायें,
बुझाओ उन्हें दूर ही से हमेशा।

जो जां से ज़ियादा तुम्हें कोई चाहे,
सँवारो उसे प्यार ही से हमेशा।

भरोसे को तोड़े करे बेवफ़ाई,
मिलो उससे भी तुम ख़ुशी से हमेशा।

जो झुकता है 'पूनम' उठेगा फ़लक तक,
मिलो प्रेम से हर किसी से हमेशा।

82

जलाओ दिये तुम अँधेरों के घर में।
लुटा प्रेम दो नफ़रतों के शहर में।

हटा करके काँटे सँवारो उसे तुम,
गुलों को सजा दो विरानी डगर में।

न काटो इन्हें थम ही जायेगी धड़कन,
बसी ज़िंदगी सच है सबकी, शजर में।

करो फैसला तब न पीछे हटो तुम,
रहो इक तरफ़ ही न घूमो अधर में।

फ़लक़ चूमती हौसले से ये 'पूनम',
वो सूरज छुपा देखो उगती सहर में।

83

निशां पत्थरों पे बना के तो देखो।
बने रेत पे घर मिटा के तो देखो।

इरादे से तेरे समन्दर थमेगा,
हथेली में लहरें समा के तो देखो।

झुकेगी ये दुनिया भी मर्जी पे तेरी,
मुकद्दर क़दम पे झुका के तो देखो।

बदल जायेगा दिल जो कोशिश करोगे,
रकीबों से उल्फ़त जता के तो देखो।

दिलों जां लुटा देगी रिश्तों पे 'पूनम',
इन्हें भी कभी आज़मा के तो देखो।

84

जहां में मिलेगा दीवाना न हमसा।
वो आशिक़ मिलेगा पुराना न हमसा।

मिले ग़म न तुमको कभी यार मेरे,
बसा लूँ नज़र में ठिकाना न हमसा।

हमारी निगाहों से घायल जहां ये,
कहीं दूसरा है निशाना न हमसा।

बहारों की गलियों में तुम घूम जाओ,
मिले दिल का मौसम सुहाना न हमसा।

झुका सर रहेगा ये 'पूनम' के दर पे,
अभी तक किसी ने भी ठाना न हमसा।

85

यहाँ आदमी रोज़ मर मर के जीता।
वो जीने की ख़ातिर ज़हर हँसके पीता।

उसे ज़िंदगी ज़ख़्म देती ही रहती,
सदा अश्क से अपने ज़ख़्मों को सीता।

सतायें हमेशा वो गुज़रे हुये दिन,
रुलाता वो पल साथ ख़ुशियों के बीता।

मिले हार और जीत आपस में दोनों,
जो हारा है इस पल तो उस पल में जीता।

ज़माने की बातें न 'पूनम' को भायें,
क़सम खाये झूठी रखे हाथ गीता।

८६

हमें राह ख़ुद ही बनानी पड़ी है।
सफ़र से यूँ यारी निभानी पड़ी है।

झुका पर्वतों को दिया अपने नीचे,
हिमालय को ताक़त दिखानी पड़ी है।

सदा वक़्त से हँस निभाया है हमने,
ज़माने को बातें सिखानी पड़ी है।

ख़िज़ांओं का मौसम भले आज घर में,
बहारों की चादर पुरानी पड़ी है।

न पढ़ते हो 'पूनम' कभी वर्क़ को तुम,
किताबों में पूरी कहानी पड़ी है।

87

बहुत देर सोये जगाया सहर ने।
सुकूं से ही मुझको सुलाया है घर ने।

ख़ता मेरी इतनी किया सबको ज़ख़्मी,
बनाया है घायल नशीली नज़र ने।

रही शायरी दूर हमसे तभी तक,
बनी शायरा जब लुभाया बहर ने।

अमीरों के घर क़ैद रखते गरीबी,
मछलियों को मारा फँसाकर लहर ने।

है सीने में इसके दफ़न याद तेरी,
कई मोड़ देखा हमारी डगर ने।

ज़फ़ाओं ने तेरी बनाया है पत्थर,
किया बेअसर मुझको तेरे असर ने।

हो जन्मों से मेरे सभी जानते हैं,
गले से लगाया है तेरे शहर में।

४४

तुम्हें रोज़ सज़दा ये राहें हैं करतीं।
कहाँ दर्दे दिल कम दवायें हैं करतीं।

मिरी बाज़ुओं की भी हसरत तुम्हीं हो,
तसव्वुर में अहसास बाँहें हैं करती।

ख़ुदा तुम हमारे न मालूम तुमको
परस्तिश हमारी निगाहें हैं करतीं।

गुनाहों के बदले कभी ले न मिलते,
कहाँ वक़्त वापस सज़ायें हैं करतीं।

तू लाचार की आह 'पूनम' न लेना,
हिफाज़त हमेशा दुआयें हैं करतीं।

८९

उन्हें हद से ज्यादा मुहब्बत किया है।
जुदाई का तोहफ़ा उन्होंने दिया है।

जला करके दिल राख कर डाला हमने,
ज़हर ज़िंदगानी का हँसके पिया है।

मसीहा ने ज़ख़्मी कलेजा किया जब,
यूँ तिल तिल ही करके वो लम्हा जिया है।

तड़पना तरसना है तक़दीर मेरी,
यही मेरे हिस्से ख़ुदा ने दिया है।

लिखी बदनसीबी किताबों में मेरी,
किया भूल 'पूनम' ने पढ़ जो लिया है।

९०

मुहब्बत ने यूँ ज़िंदगी ही बदल दी।
जो देखा मुझे हर ख़ुशी ही बदल दी।

सिखाया मुझे उल्फ़तों का चलन जब,
लगा करके दिल दिल्लगी ही बदल दी।

तुम्हारी ही ख़्वाहिश पे मरने लगे हम,
तुम्हारे लिये शायरी ही बदल दी।

तुम्हें देखकर कुछ न देखेंगे अब हम,
मिली आँख जो वो तभी ही बदल दी।

दिखे आईने में तिरा रूप 'पूनम',
ये तस्वीर किसने मिरी ही बदल दी।

91

ख़यालों में आ तेरी यादें सतातीं।
किये थे जो हम सारी बातें सतातीं।

सँवर करके जब चाँदनी छत पे आती,
गुज़ारी थीं जो साथ रातें सतातीं।

निखरते थे जब हम निगाहों से तेरी,
सिहरती हूँ मैं प्यारी आँखें सतातीं।

ये एहसास मेरा रुहानी लगे है,
समेटे ही रहतीं वो बाँहें सताती।

कभी जिनमें 'पूनम' हुई शाम तेरी,
ये प्यासी सी ज़ुल्फ़ों की छाँहें सतातीं।

92

सदा हमने ख़ारों से यारी निभाई।
चले आग पर लब पे उफ़ तक न आई।

बसर ज़िंदगी दर्द सहके किया है,
गिरी ही नहीं ठोकरें लाख खाई।

कभी ज़िक्र उनका किया भी न हमने,
मुहब्बत की इक रीत हमने निभाई।

समन्दर के मझधार में हम फँसे थे,
लहर एक हमको किनारे पे लाई।

तिरे नाम का दीप जलता रहेगा,
ये 'पूनम' यहाँ रौशनी बनके आई।

93

तेरा नाम लेकर महकने लगी हूँ।
मैं ख़ुशबू के जैसी बिखरने लगी हूँ।

क़दम लड़खड़ाये नशे में तुम्हारे,
कहाँ होश मुझको बहकने लगी हूँ।

तिरे सामने राज़ तुमसे छुपाये,
दिखावे में मैं ख़ुद सँभलने लगी हूँ।

मुझे शर्म आने लगी आईने से,
मैं गलियों से छुपकर निकलने लगी हूँ।

कहा मैंने 'पूनम' सँभालूँगी धड़कन,
मैं ख़ुद दिल से कहकर मुकरने लगी हूँ।

94

निगाहों में अपनी बसा लो हमें तुम।
ज़माने से दिलवर छुपा लो हमें तुम।

अगर भूल से भी ख़फ़ा तुमसे होऊँ,
मिरे पास आकर मना लो हमें तुम।

कभी दूर तुमसे अगर हो मैं जाऊँ,
तो आवाज़ देकर बुला लो हमें तुम।

यक़ीं ग़र न हो मेरी उल्फ़त पे तुमको,
जहां वार दूँ आज़मा लो हमें तुम।

तिरे साथ हर हाल में मैं रहूँगी,
कभी आग पे भी चला लो हमें तुम।

95

सनम आपसा हमको प्यारा मिला है।
ख़ुदा आपमें अब हमारा मिला है।

नहीं चाहिए आसरे भी जहां के,
तेरी बाजुओं का सहारा मिला है।

मुझे जुस्तजू अब नहीं दोस्तों की,
तिरे रूप में मुझको यारा मिला है।

खिला गुल के जैसा हमारा बदन ये,
बहारों का मौसम भी सारा मिला है।

करे इश्क़ सजदा भी 'पूनम' को अब तो,
तेरे प्यार का जो इशारा मिला है।

96

खिलौना बनाकर ये दिल तोड़ डाला।
मिरे इश्क़ का आईना फोड़ डाला।

लिखे वर्क़ पर तेरे अहसास मैंने,
किताबों को तुमने सभी मोड़ डाला।

सवालों में उलझी जवाबों में खोकर,
इकाई को भी शून्य में जोड़ डाला।

हवा को पकड़ने की ख़्वाहिश तुम्हारी,
क़दम ज़ख़्म पाये, ज़मीं छोड़ डाला।

हो गैरों के तुम ये गवारा हो कैसे,
रकीबों के संग दोस्ती जोड़ डाला।

97

तिरे प्यार ने यूँ दीवाना बनाया।
तुम्हारा हुआ दिल बहाना बनाया।

कटारों के बिन तुमने घायल किया है,
निगाहों से मुझको निशाना बनाया।

नज़र ही मिली लब खुले भी नहीं थे,
ज़माने ने इसका फ़साना बनाया।

बहारों का डेरा हुआ मेरे घर में,
मेरे दिल का मौसम सुहाना बनाया।

है उल्फ़त भी क्या शै, थे नादां अभी तक,
मुहब्बत का तुमने ज़माना बनाया।

कसीदा कहें लोग 'पूनम' का मिलके,
गुलों ने चमन में तराना बनाया।

९४

मुहब्बत सताती रही ज़िंदगी भर।
तिरी याद आती रही ज़िंदगी भर।

छुपा ज़ख़्म दिल में हमेशा ही मेरे,
मैं वादा निभाती रही ज़िंदगी भर।

सजा दर्द मैंने बनाया तराना,
वही नज़्म गाती रही ज़िंदगी भर।

कभी प्यार से तुमने आवाज़ दी थी,
सदा वो रुलाती रही ज़िंदगी भर।

तसव्वुर में तेरे ही खोई है 'पूनम',
तुझे ही बुलाती रही ज़िंदगी भर।

९९

लगातार मन यूँ उलझता रहा है।
सदा टूट कर ये बिखरता रहा है।

कभी एक पल जो सुकूं के मिले तो,
वो सब भूल करके सुलझता रहा है।

है अहसास बारिस सा भीगूँ सदा ही,
किसी याद में ये सिहरता रहा है।

निगाहें खिलीं वो नज़र आ गये जो,
उन्हें देख करके निखरता रहा है।

गुलों बीच पूनम ये ख़ुशबू बिखेरे,
बहारों में पलकर महकता रहा है।

100

ये दुनिया तमाशा अज़ब ज़िंदगी का।
बजें तालियाँ खेल बस खेल ही का।

निभाने में किरदार कितने सफल हो,
बना पाये ख़ुद को उसी मेल ही का।

ख़ुशी दो जहां को और जी भर हँसाओ,
क़दम चूम लें आ सभी आप ही का।

चमकने लगो चाँद बन करके ख़ुद ही,
समेटो वो आँचल तुम्हीं तीरगी का।

है साँसों में शामिल यही फलसफ़ा ही,
तो 'पूनम' ने ओढ़ा बदन चाँदनी का।

101

मुक़म्मल वो ख़ुद हैं यही सोचते हैं।
वही एक सच्चे, सभी बोलते हैं।

बुराई न दिखती है ख़ुद में किसी को,
बुरा दूसरों को सदा बोलते हैं।

कभी राह पे ख़ुद ही फेंके थे पत्थर,
हो नाराज़ उनको ही वो कोसते हैं।

लगा आग महफ़ूज़ समझें वो ख़ुद को,
वो लपटों को हाथों से ही रोकते हैं।

हज़ारों कमी देखी 'पूनम' तुम्हीं में,
मगर आप सबको सदा टोकते हैं।

102

मिरा गाँव मुझको नहीं भूलता है।
वो पीपल भी आवाज़ देता सदा है।

नदी का किनारा भी गुमसुम सा रहता,
मिरी राह वो आज तक देखता है।

चमन के वो गुल भी हमें ही तलाशें,
वो काँटा दुपट्टा पकड़ पूछता है।

मुड़ेरें मिरी मुझको इक टक निहारें,
वो कागा मिरा नाम ले बोलता है।

छुपे मेरे मन में हैं अहसास सारे,
निगाहों से हर राज़ दिल खोलता है।

मेरी याद लेकर हवा भी तड़पती,
के पनघट भी आँखें नहीं मूँदता है।

103

कभी इक नज़र सौ नज़र बन गई थी।
ख़ुदाई में हर सू वही दिख रही थी।

रहा होश ख़ुद का न, छाये वो ऐसे,
मेरे होंठ पर प्यास रुक सी गई थी।

किरन एक ख़ामोश, लब को थी बाँधे,
निगाहों ने इक बात मुझसे कहीं थी।

सभी लफ़्ज़ मेरे कहीं खो गये थे,
किताबें भी भूलीं जो मैंने पढ़ी थी।

है राहत मिली उनसे साँसों को मिलकर,
ये 'पूनम' की धड़कन भी अब तक रुकी थी।

104

है ख़ामोश परछाईं कहती नहीं है।
ये किस्मत किसी की भी सुनती नहीं है।

कहाँ वक़्त ये साथ ठहरा किसी के,
सुई ये समय की भी रुकती नहीं है।

अगर मिल गई तो जुदा ये न होती,
अलग मौत साँसों से दिखती नहीं है।

ये बदनाम करती धड़ककर सभी को,
है बेबस ये धड़कन समझती नहीं है।

तुम्हें मार सकता नहीं वक़्त 'पूनम',
मरे जिस्म, पर रूह मरती नहीं है।

105

गुलों के भी सीने में इक दिल है होता।
मुहब्बत में वो शबनमी अश्क़ रोता।

हैं झुलसाती तन्हाइयाँ ये उसे भी,
जुदा यार बिन रातभर वो न सोता।

लुटाता है ख़ुशबू महकना है फितरत,
दिखे वो भी गुमसुम अगर दिल है खोता।

न हसरत करो तुम उसे तोड़ने की,
कलेज़े को वो अपने ज़ख़्मों से धोता।

खिलो डालियों पर दुआ है हमारी,
दुआओं के ही बीज 'पूनम' है बोता।

106

परिंदे फ़लक पर उड़े जा रहे हैं।
निगाहों में मेरे छपे जा रहे हैं।

मिरा मन भी चाहे उड़ूँ आसमां में,
ये अरमान मेरे खिंचे जा रहे हैं।

कहाँ घर तुम्हारा है उनसे जो पूछा,
शजर हमको प्यारे, कहे जा रहे हैं।

फ़लक पे घरौंदे बनाये न जाते,
ज़मीं से सभी ही मिले जा रहे हैं।

फिरे मन, क़दम ये नहीं उड़ सकेंगे,
मिला इल्म 'पूनम' हँसे जा रहे हैं।

107

कहाँ जा रहे हो ज़रा पास आओ।
ख़फ़ा यार क्यूँ हो ज़रा मुस्कुराओ।

मिली मुख़्तसर साँस जी भर के जी लो,
बसा लूँ नज़र में नज़र तो मिलाओ।

अभी आईना मुझसे नाराज़ सा है,
निखर जाऊँगी मैं गले से लगाओ।

जुदा होके रहना न इक पल गवारा,
मुहब्बत की तुम सारी रस्में निभाओ।

मैं सब छोड़ 'पूनम' तेरे पास आऊँ,
जो आना न चाहो तो हमको बुलाओ।

108

वो इक बात दिल की जो तुमसे कहा था।
लबों से ही तुमने भी उसको सुना था।

हवाओं में मेरी सदा गूँजती है,
मुझे देखकर चाँद कितना खिला था।

क़यामत दिखी तेरे जलवों में मुझको,
वहीं वक़्त का कारवाँ भी रुका था।

बड़ी बेख़ुदी थी निगाहों में छाई,
वो ख़्वाबों का आलम भी इनमें थमा था।

वहीं आके 'पूनम' ठहरती हैं बातें,
मुहब्बत का इक मोड़ उनमें छुपा था।

109

अधूरे पड़े ख़्वाब चुभते नज़र में,
चराग़ों के जैसे हैं बुझते नज़र में।

निकालो इन्हें हो गये हैं ये ज़ख़्मी,
पड़े दर्द ख़ामोश सहते नज़र में।

ये आँखें सदा ही हैं ग़मगीन रहतीं,
वही दास्तां अपनी कहते नज़र में।

ज़माने के ताने भी मिलते हैं इनको,
ये चुपचाप ही उनको सुनते नज़र में।

पराया समझ सबने छोड़ा है 'पूनम',
वहीं हसरतों से ही मिलते नज़र में।

110

क़दम के निशां तुम बना के तो देखो।
मुकद्दर ज़रा आज़मा के तो देखो।

रखो हौसला बात मानेंगे सब ही,
फ़लक को ज़मीं पे बुला के तो देखो।

लगेंगी गले आके ख़ुशियाँ भी ख़ुद ही,
कभी रो रहे को हँसा के तो देखो।

इज़ाजत पे तेरे सहर झूम आती,
नज़र को ज़रा सा उठा के तो देखो।

जवाँ धड़कनें साज़ पे गीत गायें,
किसी से मुहब्बत निभा के तो देखो।

बिना दर्द के ज़िंदगी कुछ नहीं है,
कभी चोट दिल पे भी खा के तो देखो।

बनाओ ख़ुदा, है जो, राहों का पत्थर,
उसे मन्दिरों में सजा के तो देखो।

नज़र बन्द करके सँवारें जो खुद को,
उन्हें आईना तुम दिखा के तो देखो।

शजर के तले मिलता आराम 'पूनम',
कभी धूप में भी नहा के तो देखो।

111

हँसी में, मिला दर्द, हँसते सभी हैं।
दिखावा खुशी का भी करते सभी हैं।

जिन्हें ख़ार भी लगते ख़ंजर के जैसे,
बहुत ज़ख़्म पाया वो, कहते सभी हैं।

ख़रीदोगे किसको ज़रा सोच लो तुम,
अलग कीमतों पर ही बिकते सभी हैं।

सफ़र को ही मंज़िल बनाया जिन्होंने,
लगी एक ठोकर तो रुकते सभी हैं।

रहे रुख़ छुपा जो सदा चिलमनों में,
हवा ऐसी आई के दिखते सभी हैं।

ज़माने से जिनको न मिलना गवारा,
क़यामत के दिन आके मिलते सभी हैं।

भला कौन ऐसा जो तूफां को रोके,
वो पर्वत भी 'पूनम' से झुकते सभी हैं।

112

मुझे नींद से आज किसने जगाया।
वो तस्वीर ख़्वाबों की किसने मिटाया।

ग़ज़ब का वो आलम मैं खोई वहीं थी,
शहर मेरा रंगीन किसने छुपाया।

बसाया जहां एक पलकों के ऊपर,
जो पलकें खुलीं तो सिमट उनमें आया।

जिसे देखकर वो नज़ारे भी झूमें,
हवाओं ने सतरंग आँचल उड़ाया।

चुरा करके लमहे जो रखतीं निगाहें,
वो 'पूनम' को चुपके वहीं पे बुलाया।

113

दिया ज़ख़्म, मरहम लगाने की ख़ातिर।
गिराया हमें फिर उठाने की ख़ातिर।

अज़ब शौक तुमको सताने का मुझको,
हँसाते हो काफी रुलाने की ख़ातिर।

रकीबों को हँस करके घर में बुलाते,
बुलाया हमें भी जलाने की ख़ातिर।

बड़े बेवफ़ा हो सितम अब न ढाओ,
लगाया गले सच छुपाने की ख़ातिर।

तेरी आहटों से सँवरती ये ख़ुद ही,
बिखेरी ये ज़ुल्फ़ें सुलाने की ख़ातिर।

ये 'पूनम' तो दहलीज पर सो रही है,
बची थोड़ी उम्मीद आने की ख़ातिर।

114

मिरा प्यार होते तो क्या बात होती।
हसीं होते दिन दिलकशी रात होती।

तुम्हें देखकर मैं सँवर जाती हरदम,
बड़ी ख़ूबसूरत मुलाकात होती।

मैं नज़राना दिल का सजाती नज़र में,
खुद़ाई से बढ़के वो सौगात होती।

लबों पे सजाती मैं ग़म सारे तेरे,
मुहब्बत की हर सू ही बरसात होती।

बनाती तुम्हें आईना यार 'पूनम',
सदा चाँदनी की ही बारात होती।

115

निकल करके दिल से कहाँ जा सकोगे।
के महबूब मुझसा कहाँ पा सकोगे।

तिरे अश्क को मैं पलक पे सजाती,
समन्दर को तुम कैसे लहरा सकोगे।

शहर अज़नबी लोग बेगाने हैं सब,
अगर खो गये फिर कहाँ आ सकोगे।

चमन के गुलों पे नज़र बागबां की,
हवाओं से ख़ुशबूँ कहाँ ला सकोगे।

ये बहरों की बस्ती है 'पूनम' सुनो तुम,
मुहब्बत के नगमें नहीं गा सकोगे।

116

तुम्हारी गली से जो कल चाँद गुज़रा।
था दिलकश नज़ारा के दो चाँद निकला।

तिरे रूप को देख शरमा गया वो,
लगा उसको सदमा मिला दर्द गहरा।

निगाहों ने तेरी छुआ ज्यों ही उसको,
तिरे देखने से ही रुख़ उसका सँवरा।

तुम्हें देखकर देखता रह गया वो,
हुआ ख़ुद वो बेख़ुद क़दम उसका ठहरा।

उसे खोजने आसमां चल पड़ा है,
ये 'पूनम' जमीं पे यहीं आके उतरा।

117

निशाना लगा मुझको तीर-ए-नज़र का,
नशा लग गया मुझको तेरे शहर का।

दीवाना फिरे तेरी गलियों में घायल,
फ़साना बना खूब तेरी डगर का।

इनायत करोगे मेरी दास्तां सुन,
इबादत लिखोगे हमारे सफ़र का।

नहीं होश मुझको ठिकाना कहाँ है,
पता खोज लाओगे तुम मेरे घर का।

ज़माना तुम्हें रोज़ सँगदिल कहेगा,
असर कुछ तो होगा हमारी ख़बर का।

तुम्हीं हर जनम में हमारे हो 'पूनम',
करो एक वादा सनम उम्रभर का।

118

मिरी हसरतें ढूँढ़ लाया ही करतीं।
तुम्हें ख़्वाब में रोज़ पाया ही करतीं।

तसव्वुर की दुनिया बड़ी दिलकशी है,
सदा देके तुमको बुलाया ही करतीं।

कभी रूबरू आप आओ हमारे,
मिरी धड़कनें गीत गाया ही करतीं।

भरे रंग लाखों तिरे अक्स ही में,
निगाहें उन्हें भी छुपाया ही करतीं।

है किसका नशा इनकी नस में समाया,
हवायें जरा लड़खड़ाया ही करतीं।

बड़ी आरज़ू उनको देखे ये 'पूनम',
बिना देखे उल्फ़त निभाया ही करतीं।

119

तुम्हें देख मौसम सुहाना हुआ है।
फ़लक होश खोकर दीवाना हुआ है।

तेरी दिलकशी वो नज़ारे भी माँगें,
बहारों का आलम पुराना हुआ है।

ख़ुदा काम भूला नशे में तुम्हारे,
तुम्हारी नज़र का निशाना हुआ है।

मिरी धड़कनें बन गईं आज सरगम,
के हर लफ़्ज़ मेरा तराना हुआ है।

तुम्हारे सिवा कोई भाये न 'पूनम',
ज़माना भी अब तो बेगाना हुआ है।

120

फ़लक से सदा चाँद उल्फ़त ही करता।
अदब से हमेशा वो इज़्ज़त ही करता।

मगर आदमी भूल जाता नशेमन,
परायों के घर से मुहब्बत ही करता।

कभी नींव से इश्क़ करके तो देखो,
वो छत रोज ख़ुश होके शोहरत ही करता।

मिला साथ फूलों का फिर भी न बदला,
सदा ख़ार पाँवों से नफ़रत ही करता।

ठिठुरते को कम्बल उढ़ा के तो देखो,
ख़ुदा तुमपे 'पूनम' वो रहमत ही करता।

121

कहीं मौत का इक जहां और भी है।
कहाँ उड़ चला आसमां और भी है।

गये लोग जो लौट के फिर न आये,
वहाँ मिल गया कारवाँ और भी है।

सुला जिस्म को जान चल दी कहाँ वो,
छुपा जान का मेहरबां और भी है।

बड़ी बेवफ़ा ज़िंदगी है ये होती,
कहाँ जा छुपी आशियां और भी है।

जला जिस्म जब जा धुयें में ही मिलता,
वो मिलता है किससे धुआं और भी है।

कही बात क्या मौत ने ज़िंदगी से,
दिखा तुमको 'पूनम' निशां और भी है।

122

धुयें के बने हो है किस्मत में मिटना।
है मौजों सा सब खेल गिरना और उठना।

कभी मौत जब तुमको आवाज़ देगी,
बता भी न पाओगे किस राह चलना।

अभी लफ़्ज़ जो हैं मेहरबान तुमपे,
कभी कह न पाओगे जो होगा कहना।

अभी कद्र तुमको नहीं आईने की,
कभी आईना बिन पड़ेगा ही सजना।

बसा साँस में जो तेरी साँस बनकर,
जुदा होके उससे पड़े तुमको रहना।

कई ज़ख़्म गहरे दिये ज़िंदगी ने,
सभी दर्द 'पूनम' पड़ा हँसके सहना।

123

बसा करके तुमको नज़र बन्द कर लूँ।
नज़र के शहर में चलो एक घर लूँ।

तुम्हें देख हरदम धड़कता रहा दिल,
तुम्हीं पे मिरे यार मैं हँसके मर लूँ।

कभी ग़म जहां के तुम्हें छू न पायें,
मुहब्बत का पैमाना ख़ुशियों से भर लूँ।

सफ़र और मंज़िल की चाहत नहीं अब,
क़दम में तिरे ज़िंदगी भर ठहर लूँ।

निखरने लगी हूँ ये कहते सभी हैं,
तिरा नाम लेकर ज़रा मैं सँवर लूँ।

समा जाये 'पूनम' तिरी धड़कनों में,
तिरी साँस में बनके ख़ुशबूँ बिखर लूँ।

124

वहीं कब्र से तुमको आवाज़ दी थी।
मिरे इश्क़ की इन्तिहां भी वही थी।

निशानी है बाकी मिरे प्यास की अब,
लबों से मिरे एक क़तरा गिरी थी।

ग़ज़ब का सुकूं रूह को मिल गया है,
है राहत मिली आख़री साँस ली थी।

रही मुन्तज़िर रुख़सती पे न आये,
वहीं देखना एक हसरत पड़ी थी।

निगाहें भी अपनी वहीं छोड़ आये,
ज़रा ला के दे दो नज़र वो मिरी थी।

नशे में है 'पूनम' पिलाया था तुमने,
नज़र से तुम्हारी नज़र जब मिली थी।

125

सुनो ध्यान देकर तड़पती हैं रातें।
ज़रा देर रुककर सिसकती हैं रातें।

कभी वस्ल में इनके रुख़ को तो देखो,
सजावट किये बिन सँवरती हैं रातें।

शब-ए-ग़म इन्हें भी सताता है हरदम,
कभी टूट करके बिखरती हैं रातें।

सदा सर्द मौसम इन्हें भी सताता,
कई बार देखा ठिठुरती हैं रातें।

हँसेगी वो 'पूनम' तभी चाँद खिलता,
समां ऐसा पाके निखरती हैं रातें।

126

मुहब्बत उन्हें ढूँढ़ कर ले के आई।
वो नज़राना दिल का नज़र करने आई।

निगाहों से उल्फ़त के कोई न बचता,
इनायत ख़ुदा की तुम्हें देने आई।

ये दुनिया न होती अगर दिल न होता,
सँदेशा यही इश्क़ का देने आई।

महकते हैं गुल और बिखरती है ख़ुशबू,
करम है नज़र का चमन लेके आई।

न जाने क़यामत में होता है क्या-क्या,
मगर आज 'पूनम' क़यामत ले आई।

127

ज़माने में अब किसको अपना कहें हम।
लगाते वो ठोकर डगर जो चलें हम।

सभी रौशनी छीन लेना ही चाहें,
चराग़ों के जैसे भले ही जलें हम।

छुपा कर लिबासों में रखते हैं ख़ंजर,
सँभलकर गले किससे-किससे मिलें हम।

हँसी में भी नफ़रत छुपा के रखें वो,
यहाँ ज़ख़्म खाके हमेशा हँसे हम।

हटा पत्थरों को बढ़े हम जो आगे,
वो अंगार रखते के अब तो रुकें हम।

यही रीत दुनिया की 'पूनम' समझ लो,
यही ज़िंदगी है तो मिलके रहें हम।

128

बड़े मतलबी लोग मिलते जहां में।
मुखौटा लगा करके रखते जहां में।

रहे जिनकी यारी बुराई से हरदम,
सदा सच की बातें वो करते जहां में।

दुआ मौत की दें कफ़न बेंचते जो,
भजन ध्यान से वो ही सुनते जहां में।

कभी भूख से गर कोई मर गया तो,
है क़ुदरत का इंसाफ कहते जहां में।

खिलाकर गुलों को बनाते हैं क़ैदी,
वो क़दमों से गुल को कुचलते जहां में।

www.ingramcontent.com/pod-product-compliance
Ingram Content Group UK Ltd.
Pitfield, Milton Keynes, MK11 3LW, UK
UKHW042016190726
13854UKWH00005B/2317